Caliente y brillante

Un libro sobre el Sol

por Dana Meachen Rau   ilustrado por Denise Shea
Traducción: Sol Robledo

Agradecemos a nuestros asesores por su pericia,
investigación y asesoramiento:

**Dr. Stanley P. Jones, Director Adjunto
NASA-sponsored Classroom of the Future Program**

**Susan Kesselring, M.A., Alfabetizadora
Rosemount-Apple Valley-Eagan (Minnesota) School District**

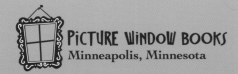

PICTURE WINDOW BOOKS
Minneapolis, Minnesota

Dirección editorial: Carol Jones
Dirección ejecutiva: Catherine Neitge
Dirección creativa: Keith Griffin
Redacción: Christianne Jones
Asesoría de narración: Terry Flaherty
Diseño: Joe Anderson
Composición: Picture Window Books
Las ilustraciones de este libro se crearon con medios digitales.
Traducción y composición: Spanish Educational Publishing, Ltd.
Coordinación de la edición en español: Jennifer Gillis/Haw River Editorial

Picture Window Books
5115 Excelsior Boulevard
Suite 232
Minneapolis, MN 55416
877-845-8392
www.picturewindowbooks.com

Impreso en los Estados Unidos de América.

Library of Congress Cataloging-in-Publication Data
Rau, Dana Meachen, 1971-
[Hot and bright. Spanish]
Caliente y brillante : un libro sobre el Sol / por Dana Meachen Rau ; ilustrado por
Denise Shea ; traducción Sol Robledo.
p. cm. — (Ciencia asombrosa)
Includes bibliographical references and index.
ISBN-13: 978-1-4048-3218-3 (library binding)
ISBN-10: 1-4048-3218-1 (library binding)
ISBN-13: 978-1-4048-2513-0 (paperback)
ISBN-10: 1-4048-2513-4 (paperback)
1. Sun—Juvenile literature. 2. Heat—Juvenile literature. 3. Light—Juvenile literature.
I. Shea, Denise, ill. II. Title. III. Series.
QB521.5.R3518 2007
523.7—dc22
2006027342

Contenido

La estrella más cercana

Mira el cielo en una noche despejada. Hay muchas estrellas.
¿Has tratado de contarlas? ¡Son demasiadas para contarlas!

Ahora, cuenta las estrellas que ves de día. Sólo hay una:
la estrella más cercana. Esa estrella es nuestro Sol.

DATO CURIOSO

El Sol no se ve cuando está nublado, pero siempre está ahí.

Nuestro sistema solar

El Sol es una estrella de tamaño medio. Se ve muy grande porque está muy cerca de la Tierra.

El Sol es el centro de nuestro sistema solar. Nuestro sistema solar está formado por el Sol y nueve planetas.

DATO CURIOSO
El Sol es el objeto más grande de nuestro sistema solar. Los nueve planetas giran a su alrededor.

El Sol y el movimiento

¿Dónde está el Sol cuando te levantas? ¿Dónde está al medio día? ¿Y a la hora de la cena? Parece que el Sol se mueve de un lado a otro del cielo. Sin embargo, el Sol no se mueve alrededor de la Tierra. La Tierra gira alrededor del Sol y al mismo tiempo gira sobre sí misma.

DATO CURIOSO
La Tierra tarda 365 días en darle una vuelta completa al Sol. Por eso tenemos 365 días en un año.

Un trompo gigante

La Tierra gira sobre sí misma como un trompo gigante. La luz del Sol sólo puede cubrir la mitad de la Tierra. Cuando te encuentras en esa parte del planeta, es de día. Y cuando te encuentras en la parte oscura, es de noche. Debido a que la Tierra da vueltas como un trompo, parece que el Sol sale y se oculta.

DATO CURIOSO

A veces, la Luna nos tapa la vista del Sol y se forma un eclipse solar. Durante un eclipse solar se puede ver la luz del Sol alrededor del borde de la Luna.

La luz y el calor

Si te sientas enfrente de una chimenea en el invierno, verás que te da luz. También te da calor. El Sol es como una chimenea. Nos da luz y calor. Pero es mucho más caliente que una chimenea.

DATO CURIOSO

El calor del Sol es tan fuerte que podemos sentirlo a 93 millones de millas (150 millones de kilómetros) de distancia. Es lo lejos que estamos del Sol.

Las manchas solares y las erupciones solares

El Sol tiene puntos negros que se mueven sobre su superficie. Esos puntos se llaman manchas solares. El Sol también lanza llamaradas. Se llaman erupciones solares. Son explosiones sobre la superficie del Sol. Ocurren cerca de las manchas.

DATO CURIOSO

Las erupciones solares pueden calentarse hasta millones de grados en sólo unos minutos. Sueltan la misma cantidad de energía que mil millones de megatones de dinamita.

Tú y el Sol

No podemos vivir sin el Sol. Su calor nos mantiene calientes. También necesitamos la luz para ver. La Tierra sería muy fría y oscura sin el Sol.

Las plantas necesitan la luz del Sol para producir su alimento. Unos puntos verdes de las hojas transforman la luz del Sol en alimento.

La inclinación de la Tierra

¿Qué hace que haga frío en el invierno?
¿Qué hace que haga calor en el verano?
¡Es el Sol! El Sol produce las estaciones del año.

La Tierra está inclinada. La parte que se inclina hacia el Sol recibe más calor. Ahí es verano. En la parte que está del lado opuesto, es invierno. Cuando la Tierra gira alrededor del Sol, las estaciones cambian.

DATO CURIOSO

Las estaciones no son las mismas en todas las partes de la Tierra al mismo tiempo. En los Estados Unidos esquiamos en enero. En Australia nadan en la playa.

Rayos peligrosos

Necesitamos el Sol, pero sus rayos pueden ser peligrosos. ¿Alguna vez has estado mucho tiempo al Sol? ¿Se te puso roja la piel?

Los rayos del Sol son tan fuertes que pueden lastimarte la piel. Tienes que ponerte protector solar para proteger la piel cuando juegas. Cuídate y el Sol iluminará tu día.

DATO CURIOSO

Nunca mires directamente el Sol.
Su luz es muy brillante y puede
quemarte los ojos.

Las sombras cambian

Materiales:
- gis o tiza
- un amigo o amiga
- un día soleado

Pasos

1. Escoge un día soleado. Busca un lugar plano en la mañana, como la banqueta.

2. Dibuja una línea en el piso. Haz que tu amiga o amigo se pare sobre la línea con el Sol detrás.

3. Dibuja la sombra de tu amigo o amiga con el gis.

4. Regresen al medio día y dibuja la sombra de tu amiga o amigo con un gis de color distinto.

5. Regresen al final del día y haz lo mismo con otro color.

6. ¿De qué forma cambió la sombra durante el día? ¿Se volvió más larga o más corta? ¿Se movió?

Datos del Sol

Una vieja estrella

Los que estudian el Sol calculan que tiene entre 4.5 y 5 mil millones de años.

Perfecto para vivir

En la Tierra hay vida porque está a la distancia perfecta del Sol. Si la Tierra estuviera más cerca del Sol, sería muy caliente para la vida. Si estuviera más lejos, sería demasiado fría.

Fotografías hermosas

Es peligroso observar el Sol directamente. Una forma de estudiarlo es observando fotografías. Las fotografías las toman satélites que estudian el Sol.

Juegos de sombra

Las sombras cambian a lo largo del día. Cuando el Sol está alto en el cielo, la sombra se ve corta. Cuando el Sol está bajo, la sombra se ve larga.

Uno de muchos

El Sol es uno de miles de millones de estrellas del espacio. Los grupos de estrellas del espacio se llaman galaxias. ¡También hay miles de millones de galaxias!

Glosario

erupciones solares—llamaradas que salen del Sol
galaxia—grupo grande de estrellas, planetas, polvo y gases
manchas solares—puntos fríos y oscuros en la superficie del Sol
protector solar—crema para la piel que te protege de los rayos peligrosos del Sol
sistema solar—estrella y planetas que giran a su alrededor
trompo—juguete de forma de cono que gira sobre sí mismo

Aprende más

En la biblioteca

Bredeson, Carmen. *El sistema solar.* Nueva York: Children's Press, 2004.

Frost, Helen. *La luz del sol.* Mankato, MN: Capstone Press, 2004.

Ganeri, Anita. *El Sol.* Milwaukee, WI: Gareth Stevens, 2005.

En la red

FactHound ofrece un medio divertido y confiable de buscar portales de la red relacionados con este libro. Nuestros expertos investigan todos los portales que listamos en FactHound.

1. Visite *www.facthound.com*
2. Escriba una palabra relacionada con este libro o escriba este código: 1404811354
3. Oprima el botón FETCH IT.

¡FactHound, su buscador de confianza, le dará una lista de los mejores portales!

Busca más libros de la serie Ciencia asombrosa:

Altas y bajas, blancas y grises: Un libro sobre las nubes

Giran en el espacio: Un libro sobre los planetas

Luz de noche: Un libro sobre la Luna

Puntos de luz: Un libro sobre las estrellas

Sobras del espacio: Un libro sobre cometas, asteroides y meteoroides